누리 과정에서 쏙쏙

자연탐구 자연과 더불어 살기 – 날씨와 계절의 변화를 생활과 관련짓는다.

초등 과정에서 쏙쏙

통합 봄2 1. 봄이 왔어요 – 봄 날씨와 생활, 봄에 하는 일
통합 여름1 1. 여름이 왔어요 – 여름 날씨와 생활
통합 가을1 1. 가을 날씨와 생활 – 가을에 볼 수 있는 모습 살펴보기, 가을 날씨와 생활 모습
통합 겨울2 1. 겨울 풍경 – 눈과 얼음의 세계로, 겨울을 즐기자
과학 6–1 3. 계절의 변화

감수 및 추천 이명근 박사(미국 존스홉킨스 대학교 교수 역임, 현재 연세대학교 보건대학원 교수)
세계 곳곳의 재난지에 뛰어들어 어린이들은 물론 도움이 필요한 사람들을 구조하며 봉사의 삶을 사는 분입니다. 알아야 더 잘할 수 있다는 믿음으로 연세대학교 보건대학원에 '국제 재난 대응 전문가 과정'을 개설하여 많은 재난 구조 전문가를 양성하고 있습니다. 국제 NGO인 '머시코'(Mercy Corp.)와 UNDP(유엔경제개발계획)에서 활동하기도 했습니다. 지금은 재난 구호의 필요성을 알리고, 아시아와 아프리카의 개발을 위해 '코이카'(KOICA, 한국국제협력단)와 국제 개발 기관인 '글로벌 투게더' 등과 함께 봉사에 앞장서고 있습니다.

글 김해린
동국대학교에서 문예창작학을 공부하였습니다. 문화관광부와 디자인하우스 등에서 기자로 활동하였으며, 오랫동안 동화 작가로 활동하였습니다. 쓴 책으로는 〈우당탕탕 나롱이의 하루〉, 〈안 돼, 사우르〉, 〈아로 다로의 미로 찾기 대회〉, 〈워너 메이커〉, 〈노벨상이 두 번 선택한 과학자 마리 퀴리〉 등이 있습니다.

그림 이주희
대학에서 애니메이션을 공부했고, 현재는 일러스트레이터로 활동하고 있습니다.
그린 책으로는 여러 권의 교재와 〈어른이 된다고요?〉 등이 있습니다.

자연의 신비 | 계절
47. 봄·여름·가을·겨울, 다 좋아

글 김해린 | **그림** 이주희
펴낸곳 스마일 북스 | **펴낸이** 이행순 | **제작 상무** 장종남
대표 조주연 | **주소** 서울특별시 종로구 사직로8길 20, 103호
출판등록 제2013 - 000070호　**홈페이지** www.smilebooks.co.kr
전화번호 1588 - 3201　**팩스** (02)747 - 3108
기획 · 편집 조주연 김민정 김인숙 | **디자인** 김수정 정수하
사진 제공 및 대여 셔터스톡 연합뉴스 프리픽

이 책의 모든 글과 그림 등의 저작권은 스마일 북스에 있습니다.
본사의 허락 없이 이 책에 실린 내용의 일부 또는 전체를 어떤 형태로든지 변조하거나 무단 복제하는 것은 법으로 금지되어 있습니다.

⚠ 책을 집어던지면 다칠 수 있으니 조심하십시오. 잘못 만들어진 책은 바꾸어 드립니다.

바람 한 점 없는 무더운 날씨였어요.
현우와 민우, 선우는 덥다고 야단이었어요.
아빠는 아이들이 짜증을 부려서 힘드셨어요.

"그럼 우리 다 같이 놀러 갈까?
계곡에 가서 수영도 하고,
시원한 수박도 먹고, 어때?"
아빠가 물으셨어요.

현우는 고개를 설레설레 저었고,
민우는 입을 삐죽 내밀었어요.
"싫어요! 놀러 안 가요!
난 여름이 싫어요!"
선우는 소리를 꽥 질렀어요.

난 여름이 싫어요!

"후유."
아빠가 한숨을 푹 쉬셨어요.
"그럼 너희들은 어떤 계절이 좋은데?"

선우도 크게 소리쳤어요.

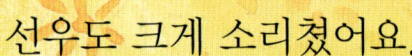
난 봄이 좋아요!

난 지금이 겨울이면 좋겠어요.
현우가 말했어요.

나는 그냥 시원한 가을이 좋아요.

"여름이 가면, 곧 가을이 올 거야.
가을 다음엔 겨울, 그리고 또 봄이 오지."
아빠의 설명도 선우한테는 소용없었어요.
"봄, 여름, 가을, 겨울은 누가 순서를 정했어요?
난 지금 당장 봄이면 좋겠다고요!"

민우가 말했어요.

후유~

아빠는 서재에서 조그만 약병을 가져오셨어요.
"너희가 원하는 계절로 갈 수 있게 해 주는 약이야.
약을 먹고 원하는 계절을 떠올리면,
그 계절로 곧장 갈 수 있지!"

우아, 신기한 약이네요.

"너희들 각자에게 두 알씩 줄 거야.
한 알은 원하는 계절로 갈 때에 먹는 약이야.
남은 한 알은 돌아오고 싶을 때에 먹는 약이지."
아빠는 차근차근 설명을 해 주셨어요.

"와, 신난다! 저부터 먹을 거예요!"
민우는 재빨리 옷장으로 뛰어가더니
가을에 입는 긴팔 옷을 챙겨 입었어요.
그러고는 알약을 꿀꺽 삼키고,
눈을 꼭 감은 채 큰 소리로 외쳤지요.

민우가 눈을 떴을 때는
가을바람에 황금빛 벼가 물결치는 논이 보였어요.
언덕 위 과수원에는 사과가 주렁주렁 매달려 있었지요.
"와, 내가 좋아하는 사과다!
역시 가을이 최고라니까!"

민우는 얼른 사과를 따기 시작했어요.
"이건 아빠 거야. 이건 현우 형, 이건 선우 거야!"
그런데 사과를 하나둘 따다 보니
작년에 온 가족이 과수원에 놀러 왔던 일이 생각났어요.
민우는 집에 있는 가족이 보고 싶어졌어요.

민우가 사라진 것을 본 현우는
얼른 겨울 털옷을 꺼내 입었어요.
민우처럼 알약을 꿀꺽 삼키고,
큰 소리로 외쳤지요.

눈을 떴을 때 현우는
흰 눈이 펄펄 내리는 벌판에 서 있었어요.
나무들 위에도 흰 눈이 소복소복 쌓여 있었지요.
"와! 겨울이다. 눈싸움해야지!"

현우는 눈을 뭉치다가 문득 깨달았어요.
겨울인 그곳에는 현우밖에 없다는 것을요.
현우는 문득 가을로 가 버린 민우와
집에 있는 아빠와 선우가 보고 싶어졌어요.

이제 집에는 아빠와 선우만 남았어요.
선우도 형들에게 질세라 봄옷을 꺼내 입고,
알약을 삼켰지요.
그러고 나서 큰 소리로 외쳤어요.

겨울이 끝나고, 따뜻한 바람이 부는 봄으로!

선우가 눈을 뜨자,
주위는 온통 꽃 천지였어요.
노란색 개나리, 분홍색 철쭉, 보라색 제비꽃…….
"와, 나비다!"
선우는 나비를 쫓아 이리저리 달렸어요.

"에구, 잡았다!"
선우는 나비를 잡았다는 것을
형들에게 자랑하고 싶었어요.
하지만 형들은 선우 곁에 없었어요.

선우는 형들이 보고 싶어졌어요.
어서 집에 가서 아빠도 만나고 싶었지요.
갑자기 울음이 울컥 터졌어요.
선우는 애써 울음을 꾹꾹 참으며,
얼른 다른 알약 하나를 삼켰어요.
꿀꺽!

"선우야!"

선우가 번쩍 눈을 떴어요.

형들이 선우를 보며 무척 반가워했어요.

"우리, 계곡에 놀러 갈까?"
아빠가 튜브와 수영복을 흔드셨어요.
"네, 좋아요!"
현우와 민우, 선우는 큰 소리로 대답했지요.

현우와 민우, 선우는 계곡에서 신나게 물장구를 쳤어요.

"여름은 정말 신나는 계절이야."

현우가 이렇게 말했을 때였어요.

아빠가 아이들을 바라보며 물으셨어요.

"삼총사, 이젠 무슨 계절이 제일 좋으니?"

"하하하, 우리는 사계절이 다 좋아요!"
현우와 민우, 선우의 웃음소리가 하늘까지 퍼졌어요.

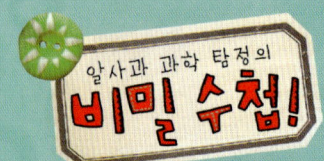
봄·여름·가을·겨울은 어떻게 다를까요?

봄·여름·가을·겨울 **사계절**이 있어요.
그런데 지구에는 계절의 구분 없이 일 년 내내 더운 곳이 있어요.
일 년 내내 추운 곳도 있지요.

 **봄**

날씨가 따뜻해지고, 나무에 파릇파릇 새싹이 나요. 농부들은 농사지을 준비를 해요. 겨울잠을 자던 동물들도 잠에서 깨어나지요.

 **여름**

나무들이 햇빛을 많이 받아 싱그러운 초록색이에요. 날씨가 덥고, 비가 많이 오지요. 장마와 태풍이 올 수 있으니 철저하게 준비해야 해요.

가을

날씨가 선선하고, 하늘이 맑고 높아요.
곡식이 짱짱하게 익고, 울긋불긋 단풍이
들며, 나뭇잎이 우수수 떨어져요.
동물들은 겨울잠을 준비해요.

겨울

찬 바람이 쌩쌩 불고, 날이 추워져요.
하지만 흰 눈이 내려 신나지요.
낮이 짧아지고, 밤이 길어져요.
감기에 걸리지 않도록 조심해야 해요.

일 년 내내 더운 곳은 열대 지방이라고 해요.

일 년 내내 추운 곳은 극지방이라고 해요.

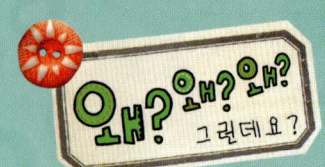
계절에 대한 요런조런 호기심!

봄이 되면 어떻게 죽은 나무가 살아나요?

나무는 겨울 동안 죽은 것처럼 보이지만 사실은 죽은 게 아니야. 추위를 견디느라고 바짝 말라 있다가, 봄비가 내리고 따뜻한 햇빛이 비치면 다시 활동을 하지. 나뭇잎 속에서 겨울을 견딘 씨앗은 봄 햇살을 받아 싹을 틔우고, 겨울잠을 자던 동물들도 깨어난단다.

나뭇잎 속에서 겨울을 견딘 도토리가 봄이 되자 새싹을 틔우고 있어요.

소나기가 뭐예요?

소나기는 더운 여름에 갑자기 세차게 쏟아지는 비야. 주로 천둥 번개나 강한 바람과 함께 쏟아지다가 언제 그랬냐는 듯 금방 멈추지. 뜨거운 여름 햇볕에 데워진 공기가 하늘로 올라가 찬 공기와 만나면 짙고 큰 회색 구름이 만들어져. 무거워질 대로 무거워진 구름에서 아주 큰 빗방울이 세차게 쏟아지는 거란다.

소나기는 천둥 번개나 강한 바람과 함께 쏟아지기도 해요.

가을에는 왜 나뭇잎 색깔이 달라져요?

여름의 나뭇잎은 초록색이지? 그것은 나뭇잎 속에 햇빛을 받아 영양분을 만들어 내는 '엽록소'라는 초록색 색소가 있기 때문이야. 그런데 가을이 되기 시작하면 이 엽록소가 점차 사라지고, 그동안 보이지 않던 빨간색과 노란색 색소들이 나타나기 시작해. 그래서 나뭇잎들이 빨갛거나 노랗게 물드는 거란다.

가을에는 나뭇잎들이 울긋불긋 단풍이 들어요.

왜 겨울에만 눈이 내려요?

기온이 너무 낮지 않을 때에는 얼음 알갱이가 많이 붙어 굵고 탐스러운 함박눈이 되어요.

구름에는 작은 물방울이나 얼음 알갱이들이 아주 많이 모여 있어. 그러다가 점점 무거워지면 물방울이나 얼음 알갱이들이 땅으로 떨어진단다. 이것이 비야. 그런데 추울 때에는 얼음 알갱이들이 공중에서 서로 엉겨 붙으며 떨어지지. 이것이 바로 눈이란다.

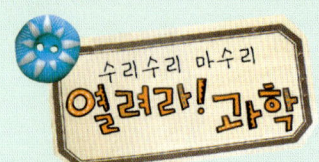
계절 모습이 독특해요

일 년 내내 더운 열대 지방과 일 년 내내 추운 극지방의 모습을 알아보아요.

열대 지방

한 달 이상 비가 거의 오지 않을 때가 있어요. 물기가 없어 땅이 메말라 있지요.

한 달 이상 비가 많이 올 때가 있어요. 하늘이 갑자기 어두워지면서 비가 세차게 쏟아지지요.

극지방

여름에 해가 지지 않아 밤에도 환해요. 반년이나 해가 지지 않는 곳도 있다고 해요.

겨울에 해가 뜨지 않고 밤이 계속돼요. 반년이나 밤만 계속되는 곳이 있다고 해요.

재미있는 가을 열매 놀이

준비물 도토리, 솔방울, 밤송이 껍질, 강아지풀, 각종 열매의 씨, 이쑤시개, 송곳

팽이 만들기 : 도토리의 평평한 곳 가운데를 송곳으로 뚫고 이쑤시개를 꽂으면 완성!

고슴도치 만들기 : 몸통은 밤송이 껍질, 얼굴은 솔방울, 눈은 열매의 씨를 붙이면 완성!

다람쥐 만들기 : 몸통은 솔방울, 머리와 다리는 도토리, 꼬리는 강아지풀, 눈은 열매의 씨를 이용하고, 이쑤시개로 서로 연결하면 완성!

 **엄마, 아빠에게**

열매, 씨앗, 나뭇잎 등으로 물건이나 동물을 만들어 본 뒤, 나머지 재료로는 소꿉놀이를 해 보세요. 작은 플라스틱 그릇 안에 재료를 넣고 소꿉놀이를 하면서, 가을이 되면 숲속 열매들이 어떻게 변하는지 설명해 주세요.